K

10650

ROME

LES MARTYRS JAPONAIS

ET LES ÉVÊQUES DU DIX-NEUVIÈME SIÈCLE

PARIS. — IMP. SIMON RAÇON ET COMP., RUE D'ERFURTH, 1.

ROME

LES MARTYRS DU JAPON

ET

LES ÉVÊQUES DU DIX-NEUVIÈME SIÈCLE

PAR

Augustin COCHIN

Extrait du CORRESPONDANT.

PARIS

CHARLES DOUNIOL, LIBRAIRE-ÉDITEUR
RUE DE TOURNON, 29

1862

ROME

LES MARTYRS DU JAPON

ET

LES ÉVÊQUES DU DIX-NEUVIÈME SIÈCLE

---

25 Juin 1862.

I

Quelle est, au point de vue politique, la situation actuelle de la souveraineté pontificale?

Elle semble désespérée. Le Pape vit d'aumônes sur un territoire menacé. Une guerre qui avait pour but l'indépendance de l'Italie et qui a eu pour résultat sa conquête, lui a fait perdre les Romagnes, province d'ailleurs mal unie au reste des États depuis que son ancienne organisation avait disparu. Une paix, aussi soudaine que la guerre, en laissant les Autrichiens derrière leurs forteresses, a rangé les Italiens derrière l'épée du Piémont, qui a successivement ramassé toutes les couronnes qu'il a fait tomber, et s'est fait adjuger par des votes ce que ses armes ont occupé. Naples envahi et abandonné, Gaëte rendu, la Savoie et Nice cédés, le royaume d'Italie reconnu, le Pape est resté seul debout, gardé par la France, mais à Rome seulement. Les Marches et l'Ombrie, envahies par une armée qui se disait protectrice, ne pouvaient pas être sauvées par une poignée de vaillants défenseurs, qui ont réussi du moins et serviraient encore à tacher de sang les mains des ennemis du Saint-Siége. Réduit à Rome et au patrimoine de Saint-Pierre, le Pape entend chaque jour le flot monter et grossir; sa chute est le mot d'ordre de l'Italie nouvelle. On veut Rome, même avant Venise. Cependant Venise mérite d'être indépendante, et Rome est italienne. Mais à Venise on se briserait contre une muraille; à Rome on n'a que des volontés à vaincre. Le siége semble plus facile. La France est là, la France que le cours glorieux de ses destinées a si souvent appelée et consacre depuis douze ans à la défense du Saint-Siége. Mais on a déjà obtenu qu'elle reconnût le royaume d'Italie, on a obtenu qu'elle se fît médiatrice, qu'elle demandât des sacrifices au Pape, qu'elle rappelât une partie de l'armée d'occupation avec son chef. On espère plus encore.

J'ai été le témoin du jour où le contraste entre les succès du Piémont et les épreuves du Pape a pour ainsi dire atteint son point culminant.

Dans un petit port de la mer Méditerranée, à Porto d'Anzio, j'ai vu le saint pontife Pie IX se promener, souriant et tranquille, sur le rivage, au milieu des enfants et des bateliers, comme au bord d'un autre lac de Génésareth. Là, sur les ruines du palais de Néron, de Néron qui régnerait encore à Rome dans ses successeurs sans les successeurs de Saint-Pierre, non loin du lieu où les papes ont tiré l'*Apollon* des décombres amoncelés par les barbares, Pie IX était seul, entouré de quelques prélats dont la fidélité grandit avec son infortune, gardé par cinq cents enfants de la France, en face de la mer, plus calme pour lui que la terre, après avoir vainement appelé l'Europe à son aide, et les yeux fixés sur le petit navire dont les planches peuvent d'un moment à l'autre devenir son unique domaine.

Quelques jours après, j'ai vu le roi d'Italie, éclairé par le beau ciel de Naples, débarqué sous les yeux d'un million d'hommes, reçu par les ambassadeurs de l'Europe, suivi par la *Bretagne*, le *Saint-Louis*, qui étaient à Gaëte, et par six autres vaisseaux de guerre français, portant trois amiraux, huit mille hommes, et mêlant aux salves de deux vaisseaux anglais les salves de leur artillerie. Quand la France voudra l'unité de l'Italie, que fera-t-elle de plus?

J'ai vu ces choses, j'ai vu ces hommes, j'ai vu Pie IX délaissé, j'ai vu Victor-Emmanuel acclamé, et, me demandant où sont les fautes de la victime, où sont les mérites du triomphateur, j'ai mieux compris le mystère des événements, l'ingratitude des hommes, les jeux de la force, et la majesté du malheur.

Il est vrai, deux semaines après, tout était changé. Victor-Emmanuel regagnait Turin à la hâte, les fusils de la révolution partaient trop tôt à Brescia, Garibaldi tombait en disgrâce, et Mazzini rentrait en scène. On s'agitait à Turin; de Paris on rappelait le général de Goyon et une division; à Rome, on était calme. J'ai mieux compris alors la secrète vigueur de la force morale ; je me suis expliqué comment le vainqueur était si agité et le vaincu si tranquille.

On s'étonne que la France ne quitte pas Rome. Cela est bientôt dit. En pareille situation, il n'y a que le dernier pas qui coûte. Il n'est pas si facile, en effet, d'abandonner le Pape, car il ne suffit pas de l'abandonner, il faut encore le livrer. Un ambassadeur peut multiplier les propositions inacceptables, afin de crier bien haut qu'elles sont inacceptées. Un parlement peut rédiger des adresses ampoulées, et répéter en chœur, comme un refrain d'Opéra : *Rome est à nous, Rome doit être à nous.* On peut livrer le Pape aux journaux; mais, avant de le livrer au Piémont, on hésite, et ce scrupule est un honneur pour ceux qui l'éprouvent. Plus on a répété que le sort du domaine temporel dépendait de la France, plus on a chargé la France de la responsabilité de ce sort. Elle sent que cette responsabilité de la main qui détruira l'œuvre de Charlemagne durera autant que la gloire qu'une telle œuvre a conquise à ce grand homme. S'il ne s'agissait que de la dynastie des Stuarts ou des Bourbons, mais la dynastie de Saint-Pierre! On voit Dieu par delà, on ne se soucie pas de rencontrer Dieu! Croyez-moi, le roi d'Italie n'est pas si pressé d'aller à Rome qu'il le dit.

Comment, au contraire, Pie IX serait-il inquiet? Au seuil du ciel, ayant goûté de la vie les gloires et les amertumes, avec la satisfaction de n'avoir rien fait contre l'indépendance de l'Italie et d'avoir beaucoup tenté pour sa liberté, armé de son serment, portant une bonne conscience dans une bonne cause, Pie IX ne peut tomber que pour se relever plus populaire. S'il est maintenu, il réalisera pour l'Italie le bien qui est dans son cœur, et la réconciliation sera facile. S'il est renversé, il sera suivi dans l'exil par les respects et par les vœux de toutes les âmes justes. Combien, si Dieu le permettait, durerait cet exil? Je ne sais, mais aussi longtemps durera l'embarras du vainqueur. L'histoire apprend à mesurer la pesanteur de l'injustice. L'Irlande est vaincue, mais elle pèse à l'Angleterre; la Pologne est vaincue, combien la Russie voudrait en être débarrassée! la Syrie est vaincue, la Turquie ne se relèvera pas de sa victoire sanglante!

Ne nous laissons donc point aller à l'inquiétude ou à l'illusion. Il est donné à la tempête d'être violente, mais il ne lui est pas donné d'être durable. Ne craignons pas, quoique l'Italie soit bien près de se faire, quoique le trône du Pape soit en apparence bien près de tomber, quoique le succès passager du Piémont paraisse bien probable, quoique la situation, au point de vue politique, semble, nous le répétons, presque désespérée.

Mais venez, et admirez comment il plaît à Dieu de dédommager son Église! A-t-elle jamais paru plus petite comme puissance humaine, plus grande comme institution divine? Pie IX peut répéter ce mot de l'apôtre : *Cum infirmor, tunc potens sum.*

II

Dans le mémorable discours qu'il a prononcé à Rome pour les Églises d'Orient, l'illustre évêque d'Orléans s'est écrié :

« De bonne foi, je le demande, même à ceux qui n'ont pas le bonheur de partager nos croyances et nos espérances : y a-t-il ici-bas une ville, un peuple, un roi, une puissance souveraine, quelle qu'elle soit, qui, sur un simple désir de cœur, exprimé dans les termes les plus ménagés, les plus réservés, les plus délicats, ait vu tout à coup le monde entier s'ébranler, et, de toutes les extrémités de son empire, les représentants de tous les peuples venir mettre à ses pieds leur dévouement et leur amour? Non, je ne fais injure à aucune des puissances de la terre en disant qu'il n'y en a pas une qui puisse ainsi remuer la terre entière. Je le répète : il y a là un signe éclatant de la présence de Dieu dans son Eglise....

.... « Vous tous, évêques vénérables...., vous êtes venus au Pape, comme on vient à son père quand il souffre parce qu'il vous aime et parce que vous l'aimez, et il vous dit en effet comme un père à ses fils : Vous êtes mon orgueil et ma consolation.

« Jamais peut-être il n'a rien été fait de semblable dans l'Église pour satisfaire à un simple besoin de cœur, d'affection, d'union.

« Mais le cœur est l'artisan des grandes choses. Vous êtes venus par un sentiment de piété filiale, et voilà que votre réunion est, sans que vous l'ayez cherché, un grand événement. »

C'est, je crois, au moment même où les Chambres discutaient à Paris les dépêches de M. de la Valette, que le Saint-Père eut la pensée d'inviter tous les évêques à une de ces grandes cérémonies que l'Église aime à renouveler pour placer sur les autels ceux qui sont morts à son service. N'était-il point naturel que le souverain Pontife des chrétiens, dans un moment si douloureux, et après de si longues épreuves, sentît le besoin de passer les bras autour du cou de ses meilleurs amis, d'appuyer sa tête sur leur poitrine, et de mêler ses prières aux prières du monde entier ?

Dans la chambre où saint Philippe de Néri est mort en célébrant la messe, on conserve plusieurs lettres de cet homme extraordinaire, et, dans l'une, j'ai remarqué ces touchantes paroles : « Priez beaucoup pour moi ! Comme le navire a besoin de la profondeur des eaux pour suivre facilement sa route, il me semble qu'accompagné de plus abondantes prières j'arriverai plus aisément au dernier port, quand il plaira à Dieu de m'appeler. »

Pie IX a pu répéter ces paroles en allant vénérer les restes de saint Philippe de Néri, peu de jours avant la Pentecôte, et, en traversant la foule, ce jour-là si nombreuse et si sympathique, il a eu la consolation de voir que les prières ne lui manquaient pas. Déjà plusieurs évêques étaient arrivés, suivis de leurs prêtres et attirés par ses désirs, par ses malheurs, par leur attachement à son caractère sacré, mais aussi par l'attrait irrésistible qu'exerce ce Pontife, aimant et généreux, sans peur, sans reproche, si visiblement choisi de Dieu pour traverser des temps difficiles. Il attendait quelques évêques des pays les plus rapprochés; il a partagé la surprise de tous ceux qui, présents à Rome, ont vu arriver dix, puis vingt, puis cent, deux cents, trois cents évêques. La même voix qui avait parlé au cœur de Pie IX avait parlé à tous les cœurs.

Les habiles de la politique ont vu un calcul concerté dans un mouvement spontané. Toutes leurs affirmations ont été démenties. Naguère ils appelaient le pouvoir temporel un dogme, et le Pape et les évêques n'ont pas prononcé une pareille parole. Ils nomment la réunion des évêques un concile, et les évêques ont évité tout ce qui pouvait y ressembler. Ils croient à de profondes combinaisons, Dieu et la charité mutuelle ont tout fait. Dieu est là, car il nous permet de juger ses desseins par la grandeur des résultats. Or l'effet a été bien supérieur à la cause, et l'obstacle a servi de moyen. C'est parce que les évêques italiens n'étaient pas libres de l'entourer, que le Saint-Père a conçu le désir de réunir les évêques des autres nations. Les évêques du Canada, en lisant dans le *Moniteur* que les évêques français pourraient être empêchés de venir, se sont décidés à partir. Chacun s'est dit : Allons, de peur qu'il n'y ait personne. Chacun s'est dit : Si mon père était puissant, j'hésiterais; mais il est malheureux, je pars. Ainsi s'est fait, par une inspiration de Dieu parlant au cœur, une sorte de concile inattendu de l'unité et de la charité catholiques; ainsi s'est produite en face du monde une preuve incomparable de la vitalité de l'Église universelle, ainsi s'est célébré le plus magnifique anniversaire de la Pentecôte que Rome et l'univers aient jamais contemplé.

Rome est un lieu prédestiné aux grandes réunions des hommes; on n'a qu'à nommer ce qu'on y rencontre pour faire, sans le chercher, des phrases académiques. On coudoie Romulus et Charlemagne, on rencontre Horace ou Cicéron, Praxitèle avoisine Michel-Ange; c'est le raccourci de l'histoire, le résumé des beaux-arts; la chronologie de chaque pierre est incroyable. Descendez à la prison Mamertine. Ce trou est

peut-être un monument cyclopéen, il est la prison de Jugurtha, il est
la geôle de Saint-Pierre, il est le plus ancien souvenir de Rome chré-
tienne ajouté au plus ancien souvenir de Rome païenne. On trouve à
Rome toutes les dates, et voilà qu'on y parle toutes les langues. Ces
hommes qui passent avec des croix sur la poitrine, ils ont perdu
leur nom; comme le nom de l'architecte est caché sous la première
pierre de l'édifice qu'il construit, leur nom est caché dans celui du
peuple qu'ils évangélisent. Ils se nomment Westminster ou New-
York, Paris ou Vienne, Bombay, Babylone, Saint-Louis du Sénégal,
Gibraltar, Québec. Quelle étonnante géographie ! Ils parlent français,
allemand, anglais, hongrois, arabe, yoloff, birman, chinois; toutes
les races vivent en eux. L'un se promène sur un trottoir du Corso;
tournez à droite, saint Paul habitait là. L'autre traverse le Tibre, il
passe sous la fenêtre de la cellule qu'habitait le Tasse à Santo Onofrio,
il monte au petit temple de Bramante; entrez, là fut crucifié saint
Pierre. Les évêques anglais visitent le mont Cælius; là demeu-
rait saint Grégoire avec sa mère sainte Sylvie; c'est de là qu'est
parti le moine Augustin pour convertir l'Angleterre. Suivez M. Am-
père à la voie Appienne; les Scipion y ont leur tombe, et c'est par là
qu'est venu saint Paul. Entrez avec M. de Rossi dans les catacombes,
ou accompagnez-le au musée de Latran; il vous fera lire une leçon
de catéchisme du premier siècle conservée sous la terre. Venez avec
M. Visconti à Ostie qu'il ressuscite; c'est là que saint Augustin parlait
du ciel avec Monique. Essayez donc, après cela, de démontrer que
Jésus est un mythe! Refusez-vous de croire au témoignage des fidèles?
Allez, allez encore au quartier des Juifs.

Il est dans l'église San Carlo in Catinari, pleine des souvenirs de
saint Charles Borromée, et voisine de la savante maison des Barna-
bites, un admirable tableau d'Andrea Sacchi. C'est la *Mort de saint
Joachim et de sainte Anne*, père et mère de la Vierge. Ces deux vieil-

lards juifs meurent au même moment, et leurs enfants, Joseph, Ma-
rie, apportent près d'eux le petit enfant Jésus qui bénit leur dernier
soupir, et semble bénir avec eux toute leur race. On passe, en quit-
tant cette église pour visiter le Ghetto, devant un autre sanctuaire
dont le nom plein de pitié est bien placé là, *Santa Maria de planctu*,
Sainte-Marie des soupirs, puis, par la Via Rúa, on pénètre dans ce
quartier séparé, comme il l'est aussi à Turin, et j'ai vu, le samedi de
la Pentecôte, la veille même du jour de la grande fête, cette poignée
de familles opiniâtres, qui, en toute liberté, fermait ses boutiques et
célébrait son sabbat; j'ai vu ces témoins, avant d'assister à la canoni-
sation d'autres témoins, les martyrs, crucifiés au Japon pour Jésus-
Christ en 1597, c'est-à-dire la quinze cent quatre-vingt-dix-septième
année après la crucifixion de Celui que les Juifs, dont je voyais
les fils, ont mis à mort, et que les apôtres, dont je voyais les successeurs, ont adoré. Parlez donc de mythe et de légende!

Qu'est-ce que ces martyrs du Japon, placés avec tant de pompe
sur les autels chrétiens? Leur histoire est admirable [1].

Le Japon ne fut pas plutôt découvert que l'Évangile y fut porté. Le
Portugal y touche en 1542, et, en 1549, saint François Xavier y pénètre.
On assure qu'il y laissa deux cent mille chrétiens dans les nombreux
royaumes qui se partageaient les îles. Un ancien bûcheron, un Sésostris
japonais, Taïcosama, fit de tous ces petits royaumes un seul empire
vers la fin du seizième siècle. Il protégea d'abord les chrétiens, il envoya
même demander à Manille, pour partager les travaux des jésuites,
des missionnaires franciscains établis aux Philippines depuis 1577.
Ils vinrent sous la direction de Pierre-Baptiste Blasquez. C'était un
saint prêtre, d'une noble famille de Castille, qui avait préféré le service de Jésus-Christ à tous les honneurs; il avait déjà évangélisé le

---

[1] *Biographie des Martyrs japonais*, par Léon Pagès.

Mexique; il allait devenir évêque, mais il accepta de partir pour le Japon, et, comme on lui faisait craindre d'être longtemps sans confesseur, « Il faut bénir Dieu, dit-il, quand il vous place dans l'obligation de ne pas pécher. »

Les commencements de la mission furent favorisés par l'empereur. Les missionnaires eurent le temps de fonder des hôpitaux et des écoles, grâce à la générosité de chrétiens japonais, Léon Garasuma et Paul Susuqui; d'ordonner des prêtres indigènes dont le plus célèbre fut Paul Michi, orateur, écrivain, polémiste; de fonder des catéchismes, d'écrire des traités religieux en langue japonaise, enfin de convertir de nombreux néophytes dans toutes les classes. Mais Taïcosama, sur de basses dénonciations, s'imagina que les chrétiens voulaient conquérir son royaume. Il donna ordre d'emprisonner les missionnaires et les catéchistes au nombre de vingt-six. La vérité, comme dans les temps primitifs, avait touché les hommes les plus divers. C'étaient des enfants et des vieillards, le page d'un gouverneur, un médecin célèbre, un armurier et son fils, des Coréens mêlés à des Japonais et à des Espagnols. Une légende très-ancienne raconte qu'un chrétien demanda à être joint à des prisonniers que l'on conduisait au martyre; on céda à ses instances, et, comme on ne connaissait pas son nom, l'Église l'honore sous le nom de saint Adaucte, *adauctus*, ajouté. Il en fut de même à Nangasaki. Un vieux cordonnier, nommé François Falchanté, suivit les martyrs en leur prodiguant ses soins, et obtint de mourir avec eux. On les avait liés deux à deux, puis on leur coupa l'oreille gauche, et on les promena en charrette pendant quatre semaines au milieu des villages. Sur une hauteur près de Nangasaki, vingt-six croix étaient préparées. Le 5 février 1597, les vingt-six chrétiens se laissèrent crucifier et moururent sans un signe de faiblesse. Saint Pierre-Baptiste entonna sur la croix le psaume *Benedictus Dominus* et mourut le dernier. On laissa les corps tomber en lam=

beaux sur les croix, mais les reliques furent recueillies en secret. Au Japon, le crime est oublié, cette chair humaine et sa poussière ont disparu. A Rome, ces prêtres, ces ouvriers, ces enfants, sont vivants dans la mémoire de l'Église, et, trois siècles après leur mort, à six mille lieues de la colline où ils ont souffert, elle les nomme, elle les glorifie, elle les déclare bienheureux, saints, hôtes puissants du ciel.

Par une inspiration qu'il me sera permis de regarder comme un à-propos providentiel, Pie IX a voulu associer à ces martyrs un vingt-septième saint, *Michel de Sanctis*, né et mort en Espagne à la même époque, et qui était religieux trinitaire de la rédemption des esclaves. J'ose croire que les évêques de l'Amérique n'auront pas vénéré sans émotion, en pensant aux esclaves de leurs diocèses, ce saint qui a mérité le ciel dans un ordre consacré à dénouer les liens de la servitude.

Les Japonais, les esclaves, quelques obscurs chrétiens morts pour le triomphe de la foi et la liberté de la conscience, qui donc pense à ces gens-là? Si l'Église faisait de la politique, elle aurait été chercher pour les canoniser la mère d'un empereur, la fille d'un roi, un ministre, un orateur, un écrivain, un général fameux. Voilà des protecteurs de bon exemple et de grand crédit! Non, à travers les épreuves de sa carrière terrestre, elle continue sa vie spirituelle, et elle ajoute au calendrier des noms dont la renommée ne retentit qu'au ciel.

Quelle confiance! quelle foi! quelle audace! Quelques hommes, passant sur la terre, infirmes et pécheurs, vont remuer la cendre d'autres hommes obscurs, morts loin d'eux, il y a trois siècles, puis ils touchent en quelque sorte le ciel, ils frappent, ils s'écrient: *Elevamini, portæ æternales! Ouvrez-vous, portes éternelles!* et, d'une commune voix, ils proclament, par la bouche sacrée de leur chef, qu'il y a un Dieu vivant et juste, qu'il y a des âmes, qu'elles sont

immortelles, que les corps ressuscitent, que les mérites sont récom-
pensés, et que ceux qui ont souffert pour la justice vivent avec Dieu,
vivent avec nous, lui parlent et nous parlent, qu'ils sont immortels,
bienheureux et puissants.

Dans une seule cérémonie, toutes les croyances essentielles de
l'humanité sont affirmées et contenues !

Comment raconter une telle solennité, les mouvements de la foule,
les ornements de l'Église, la variété des costumes, la beauté des
chants, les touchants emblèmes de l'offertoire, la lumière, le vin, le
pain, les colombes, symboles de la vérité, de la vertu, de la foi, de
l'âme affranchie et élevée au ciel, mais surtout la sublime ordonnance
de la liturgie et l'incomparable langage de la prière publique? Je
voudrais au moins fixer, comme il l'est à jamais dans ma mémoire, le
moment où le décret est prononcé.

Trois cents évêques, marchant lentement deux à deux, revêtus de
leurs ornements pontificaux, confondant la variété de leurs langages
dans l'unité d'une même prière, ont monté les degrés du plus beau
temple du monde, servant de cortége au prince des évêques, au re-
présentant le plus élevé de Dieu sur la terre, au vicaire de Jésus-
Christ. Porté au-dessus d'une foule immense, émue, paisible, qui
fait retentir sous les voûtes la magnifique parole : *Tu es Petrus*,
inscrite en lettres gigantesques au pied de la coupole, et répétée, au
son des instruments, par vingt mille voix, Pie IX, en descendant à
terre, pose le pied sur le tombeau même des apôtres, et la cérémonie
commence. Elle est simple, expressive et sublime. On dirait que
l'Église monte de degré en degré et frappe à la porte du ciel, en
redoublant ses instances. A la première *postulation*, les *litanies* des
saints invitent en quelque sorte tous les bienheureux à la fête; à la
seconde, le *Veni Sancte Spiritus*, chanté avec recueillement, implore
l'assistance de Celui qui fait les saints; à la troisième enfin, le décret

est prononcé, le *Te Deum* éclate, et il semble que les nouveaux bienheureux se lèvent de la poussière et montent à l'éternité en présence des vivants; la terre, la tombe, le ciel, se sentent unis dans l'immortalité des âmes; audacieuse et sublime croyance, seule consolation devant la mort de ceux qui aiment, qui pensent et qui souffrent ici-bas!

III

C'est le lendemain de cette admirable solennité que les évêques, réunis autour du Pape, ont entendu de sa bouche une allocution, et lui ont remis une adresse, signée de tous, à laquelle il a répondu.

Je n'aurai pas la présomption d'analyser des documents que le monde entier connaît, et que tous les catholiques ont reçus avec respect.

Mais il n'est peut-être pas inutile de discuter les murmures, les injures, les mensonges, qui, comme les cris de cent sourds au milieu d'un concert, ont éclaté dans la presse incrédule des deux mondes. Parmi les journalistes, les uns parlent avec rage, d'autres avec dédain; ils veulent bien qu'on fasse la guerre pour une idée, ils ne comprennent pas que le Pape fasse la guerre aussi pour des idées et contre des idées. Ils se persuadent, au fond de leur petit bureau, que les évêques du monde entier se sont réunis à Rome, précisément pour contrarier leurs opinions et en pensant à eux.

Le langage de l'Église, j'en conviens, n'est pas celui du monde; il n'est pas à la mode du jour. Je ne parle pas seulement de certaines

formes traditionnelles plus ou moins agréables aux oreilles contem-
poraines, et qui ne sont que des formes, comme il y en a dans le style
des tribunaux ou de la diplomatie. Mais, en outre, ce langage n'est
jamais celui qu'on attend. On accuse l'Église de faire de la politique,
puis on s'étonne qu'elle n'en fasse pas. On attend d'elle des compli-
ments et des solutions; elle ne nous doit que des vérités. On a l'ha-
bitude, quand on la soufflette, de lui dire : N'êtes-vous pas la religion
du pardon? On se sert contre elle de ses vertus, et ce sont toujours les
violents qui la rappellent à la douceur.

Le langage de l'Église n'est jamais qu'une prédication dans l'intérêt
des âmes. Lisez de bonne foi l'allocution du 8 juin. Dès les premières
lignes, il est question des âmes, *animarum detrimentum*. Les âmes!
c'est là ce que l'Église veut sauver. Pour les sauver, elle remonte des
effets aux causes, et, au moment où le public frivole croit qu'elle va
parler politique, elle parle morale, elle parle religion. Écoutez
les condamnations prononcées par le Saint-Père. Est-il vrai, oui ou
non, qu'il y ait des doctrines qui nient le surnaturel? d'autres qui
séparent la philosophie et la morale des dogmes révélés? d'autres qui
veulent bannir l'esprit chrétien de ces lois civiles de l'Europe qui
sont l'œuvre du christianisme? d'autres qui absorbent Dieu dans le
monde? d'autres qui appellent la foi un mythe? d'autres qui rêvent le
socialisme? d'autres qui placent le droit dans le nombre, le bonheur
dans la jouissance? d'autres qui déclarent le pouvoir civil compétent
en matière religieuse? Est-il vrai qu'il y a des docteurs qui ensei-
gnent que la religion est pour l'homme affaire de goût, de choix et
non de devoir? que toutes les religions, en un mot, sont également
bonnes, c'est-à-dire également inutiles? Est-il vrai, comme le dit
le Saint-Père, que la raison souffre autant que la foi de toutes ces
erreurs, que la société civile est aussi menacée que la société religieuse
par leurs conséquences, que le pouvoir temporel du Pape a leurs par-

lisans pour principaux agresseurs? Si cela est vrai, et comment le nier? es sévérités du Pape sont justes, opportunes, utiles à l'Église et au monde, à la foi et à la raison.

Mais le langage est triste, et la peinture est sombre! Croyez-vous donc que le Piémont fasse au souverain Pontife un lit de roses? Oubliez-vous qu'aux yeux de la foi la terre est une *vallée de larmes?* Oui vrez, à une époque quelconque, les documents pontificaux; à chaque siècle, vous entendrez parler du malheur du temps, en sorte que le malheur du temps finit par être le malheur de tous les temps, le malheur de la condition de l'homme sur la terre.

Mais cela est sévère et désagréable! Oui, comme il est désagréable, quand on veut entrer, d'entendre une sentinelle crier : *On ne passe pas!* Et pourtant dans ces paroles résident son devoir et notre intérêt.

A entendre encore les journalistes, les pasteurs du *Siècle*, de l'*Opinion* ou de la *Presse*, parlant à leurs troupeaux dociles, l'adresse des évêques n'est qu'une paraphrase banale du discours du Saint-Père. Cette adresse n'est pas une *paraphrase*, car elle a été rédigée sans aucune connaissance préalable de l'allocution pontificale. Vous dites qu'elle est *banale?* Écoutez :

« A ne considérer que le droit humain qui sert de base à la sécurité
« des rois et à la liberté des peuples, quelle monarchie, quelle répu-
« blique, dans les temps anciens ou dans les temps modernes, peut
« s'appuyer sur des droits aussi anciens? Une fois ces droits méprisés
« à l'égard du Saint-Siége, quel roi sur son trône, quelle république
« sur son territoire, peuvent se croire en sûreté? »

Qu'y a-t-il à répondre à cela?

Écoutez encore :

« Comment, en ce moment même, tant d'évêques de toutes les par-
« ties du monde auraient-ils pu venir ici en sécurité traiter avec Votre
« Sainteté des choses les plus graves, si, membres des nations et su-

« jets des gouvernements les plus divers, ils avaient dû rencontrer à
« Rome un souverain hostile à leurs souverains?... C'est parce que
« vous êtes libre que nous venons librement à vous, pasteurs de nos
« églises et citoyens de nos patries, et n'ayant en aucune façon à sa-
« crifier l'un de nos devoirs à l'autre. »

Qu'y a-t-il encore à répondre à cela?

La *Revue des Deux-Mondes* répond en affirmant que la réunion des
évêques aurait pu avoir lieu partout ailleurs. Est-ce bien sérieux?
Croit-on qu'on aurait laissé aller les évêques français à Vienne, les
évêques russes à Varsovie, ou les évêques orientaux à Constanti-
nople? Mais où donc sont, s'il vous plaît, les évêques italiens? Citoyens, ils attendent dans l'exil que l'État soit libre; Évêques, ils
attendent loin de leurs frères que l'Église soit libre. Si vous croyez
que la liberté universelle de l'Église doit rendre inutile le pouvoir
temporel, je ne vous démentirai pas, mais commencez par établir
cette liberté avant de détruire ce pouvoir, commencez par le com-
mencement et non par la fin.

La *Revue* reproche encore aux évêques de sacrifier les Romains à
la *souveraineté du but*, et c'est elle qui sacrifie les catholiques à cette
souveraineté, car l'unité italienne n'est qu'un but, une théorie, tandis
que le pouvoir temporel est un fait. J'en conviens de très-bonne foi,
de même que le jardinier qui arrose ses salades dans les jardins
qui occupent une partie du territoire de Rome ne se sent pas plus heu-
reux parce qu'il puise de l'eau dans la patrie des Césars et non loin
de la tribune ou parlait Cicéron, de même le bourgeois de Frosinone
ou de Viterbe, s'il est vexé, ou mal jugé, ne se sent pas très-consolé
par la pensée qu'il est une des pièces du bouclier temporel de l'Église
catholique, et parce qu'il souffre afin que votre conscience ou la
mienne soit en paix. Il importe donc que les sujets du Pape soient
bien gouvernés. Mais quelles sont les conditions de ce bon gouverne-

ment? Les évêques ont eu soin de ne pas en parler, de ne pas dire un mot de la forme, pas un mot de l'étendue du domaine temporel, parce que cela ne les regarde pas, et cela ne regarde pas davantage les Piémontais. Ce qui vient de se passer à Rome doit rendre les fidèles très-attachés au principe du pouvoir temporel, mais très-indifférents à la forme. C'est une affaire locale, c'est un dialogue à établir par les voies régulières entre les gouvernés et les gouvernants. .roit-on, en vérité, le régime pontifical tyrannique? Croit-on le régime piémontais délicieux? Est-il bien séduisant de perdre un souverain comme Pie IX pour gagner un roi comme Victor-Emmanuel? On dit que la situation du Pape vient de ses refus; au contraire, ses refus viennent de sa situation. Contraint, il ne peut rien céder. Libre, il serait toujours ce qu'il fut en 1847. On criait alors qu'il représentait les *idées du siècle;* ce compliment est à présent réservé à Victor-Emmanuel. S'il est une idée qu'on peut appeler *de ce siècle* parce qu'elle est le résultat des dernières expériences du monde, c'est que les progrès ne s'obtiennent pas par les invasions et les révolutions. Dire que le Piémont, parce qu'il a annexé les trois quarts de l'Italie, a droit à l'autre quart, c'est se faire de l'usurpation un argument en faveur de l'usurpation. Garantissez le Pape contre l'invasion du Piémont, et il s'entendra sans peine avec ses sujets. Ne le garantissez pas, et, quand même son gouvernement deviendrait parfait, étant le plus faible, il sera renversé.

Toutes les réunions, toutes les phrases, toutes les adresses, n'empêcheront pas le cours des événements, dit le *Journal des Débats.* Nous le savons bien; il y a longtemps que cela est connu, le Pape est faible, très-faible, le plus faible, le Piémont est fort, très-fort, le plus fort. Il est donc très-probable que nous verrons son triomphe. La réunion des évêques n'arrête pas la marche des événements, mais elle caractérise leur portée. On a beau dire. De telles paroles sont des actes, une telle assemblée est un fait dont les conséquences sont immenses, et les voici :

On disait que les catholiques, le clergé, les évêques, se convertissaient peu à peu à la chute d'un pouvoir auquel le Pape et les cardinaux tenaient seuls; voilà la réponse.

On disait que le Sacré Collége était divisé, on parlait, dans je ne sais quelle dépêche, d'une *trouée à pratiquer*. Trois cents évêques ont mis leur cachet sur la déclaration de leur Pontife. Le *non possum* est transformé en *non possumus*.

On disait que la religion gagnerait à la chute de ce pouvoir suranné; les maîtres de la religion sont d'un autre avis; il faut bien s'incliner, et convenir qu'ils s'y connaissent.

On disait que cette question était une question de parti, agitée par quelques exaltés en France : elle est une réclamation de l'épiscopat du monde tout entier.

Que cela plaise ou non, ce sont là des faits considérables. Si l'on veut aller plus loin, on est au moins bien averti de ce que l'on va faire, de ce que l'on va blesser, de ce que l'on va détruire.

Un autre fait réjouit les cœurs chrétiens et dépasse en importance tous ceux qui précèdent. L'Église vient de donner la plus grande preuve de jeunesse, d'union, de vitalité, qu'elle ait donnée depuis deux siècles. Montrez-moi dans le monde une société spirituelle qui ait cette étendue, cette durée, cette unité, cet ascendant. Que sont les écoles de philosophie? Que sont les Églises dissidentes? Que sont les Congrès et les Académies? Or pour toute âme qui croit, et même pour tout esprit qui réfléchit, cette force de l'Église est une bonne nouvelle et un précieux trésor. Car l'Église tient en sa garde les croyances essentielles des hommes, Dieu, l'âme, le ciel, Jésus-Christ, le jugement; elle tient en sa garde les vertus qui fondent la famille, les germes de la civilisation du monde, les vérités révélées de Dieu, et ce que l'on a appelé les vérités décrétées à la majorité du genre humain. Ce qu'elle garde est bien gardé. On la disait morte, voyez comme elle vit ! Un siècle après Voltaire, un siècle après Robespierre, Pie IX se voit l'objet de l'amour des fidèles et de l'attention du monde, lorsque Pie VII, plus malheureux, ne recevait ni une obole ni un hommage. Malgré ses agitations et ses erreurs, ce siècle a grandi l'Église. Vienne l'orage, ses ténèbres auront été précédées d'un splendide rayon de soleil et une telle preuve de vie est un gage de la faveur d'en haut et une semence de résurrection.

IV

Le premier village qui s'offrit à mes yeux, lorsque, dans la matinée du dimanche 15 juin, j'eus le bonheur de revoir la France, après deux mois passés en Italie, était un pauvre hameau de la Savoie. Je suivis la foule à l'église.

> C'était une humble église au cintre surbaissé,
> L'église où nous entrâmes,
> Où, depuis trois cents ans avaient déjà passé
> Et prié bien des âmes.

Je retrouvai là, entouré de villageois, le même Dieu que j'avais adoré, huit jours auparavant, sous la coupole de Saint-Pierre, au milieu des évêques de toutes les nations. Ces évêques étaient les pasteurs d'autres villageois, d'autres gens de travail et de peine, d'autres hommes, répandus sur la surface de la terre et que le même Dieu

visite, rassemble et fortifie. Il ne me fut pas difficile de me redire
pour la centième fois que la religion de Jésus-Christ est le premier
bien de l'homme, qu'elle est, dans la paix des hameaux ou dans le
tourbillon des villes, sa compagne, sa meilleure amie, sa morale,
sa poésie, sa force, et la consolatrice des jours rapides qui séparent
le berceau de la tombe. Il ne me fut pas difficile encore de me redire
que rien n'était aussi important que la conservation et la diffusion
d'une doctrine si précieuse, et, réfléchissant aux obstacles que l'Église,
sa gardienne, rencontre dans la passion et dans la puissance, je conclus
sans peine que les conditions nécessaires pour conserver et pour ré-
pandre l'Évangile étaient : dans le monde, la liberté du chef de
l'Église, protégée par la seule indépendance pleine, qui est la souveraineté, et, dans chaque pays, la liberté des membres de l'Église,
appuyée sur la seule garantie sûre, qui est la loi.

Je n'en pouvais donc douter. Les évêques si nombreux que j'avais
entendus revendiquer la souveraineté pontificale et la liberté de l'Église
venaient de défendre un de ces principes qui dépassent les bornes d'un
État, les limites d'un siècle, la durée d'une dynastie, et que l'on peut
appeler un intérêt capital du genre humain.

C'est dans ces pensées, banales à force d'être évidentes, que, laissant l'Église, descendant la montagne, passant le torrent, oubliant la
nature, âpre et souriante à la fois, comme l'existence, je détournai
mes yeux du pauvre peuple qui travaille et qui prie, qui vit de la
vie réelle, pour les jeter sur un journal, par lequel mon esprit
fut brusquement transporté dans cette vie factice et bouillante qu'on
appelle la vie politique. Il me sembla entendre le bruit d'un nouveau
torrent. Je lus que la religion était *une affaire de parti*, que les évêques
étaient venus à Rome pour se *mêler de politique, se faire les instruments des ennemis de leur pays*, pour *s'occuper d'intérêts matériels*, que
la Papauté avait achevé de *perdre son prestige, de faire preuve d'une*

irremédiable décadence, qu'elle avait *déclaré la guerre à tous les principes de la société moderne*, etc., etc.

Pourquoi donc tous ces cris?

Parce que le Piémont est le favori du journalisme.

Ce petit État, habile et entreprenant, autrefois l'ennemi, maintenant l'obligé peu reconnaissant de la France, a juré de dominer l'Italie tout entière. On salue en lui le libérateur de l'Italie, le propagateur de la liberté, le porte-drapeau de la société moderne, on veut enchaîner l'opinion française à sa suite.

Eh quoi! ce libérateur a-t-il gagné à lui seul une victoire entière? Pour vaincre à Solferino, il eut besoin de l'empereur Napoléon; pour entrer à Naples, il eut besoin de Garibaldi. Or la France lui demande d'épargner Rome, Garibaldi lui demande de l'envahir, et les écrivains français votent pour Garibaldi et son parti! Ce parti qui veut aller à Rome est le même que l'on vient de réprimer à Brescia. Ce général qui demande Rome, c'est le même que l'armée française en chassa, c'est le même qui vient d'insulter l'armée piémontaise. Peu importe, c'est à lui qu'il faut obéir. Votre espérance, c'est que le Pape sera délaissé par l'Empereur, l'Empereur entraîné par Victor-Emmanuel, et Victor-Emmanuel mené par Garibaldi; la langue française porte tous les matins ces vœux si peu français aux quatre coins du monde. Et après? Ou ce plan échouera, et il entraînera une réaction déplorable, ou il réussira. Si Rome est abandonnée, si l'Autriche l'occupe, si l'armée autrichienne est plus forte que l'armée piémontaise (car il n'y a pas encore d'armée italienne), que fera le roi d'Italie? Que fera l'empereur des Français? Vous ne voulez pas l'occupation, voulez-vous la guerre? Si, au contraire, la Papauté est défaite, si l'Italie est faite, si l'unité allemande est faite à son image, n'entendez-vous pas l'Angleterre applaudir, ne voyez-vous pas, qu'on me passe cette expression, la France entre les deux branches d'une tenaille dont l'Angleterre tiendra la poignée? Que ces mouvements se fassent près de nous, et sans nous, qu'y faire? Mais, quand ils se font par nous, sommes-nous donc aveugles? Les journaux s'écrivent-ils de l'autre côté des Alpes et du Rhin, ou de ce côté-ci? Qui donc sont les *ennemis de leur pays*, ceux qui combattent ces dangers ou ceux qui les attirent?

Les évêques ont fait *de la politique*. Quelle politique? Absolutiste, légitimiste, réactionnaire, antilibérale, moyen âge? En vérité, est-ce bien sérieux?

Croyez-vous qu'ils aient fait de la politique légitimiste ces évêques français qui ont, devant Dieu, prêté serment à la Constitution ?

Croyez-vous qu'il ait fait de la politique absolutiste, cet évêque, sacré à Rome, qui retourne à Stockholm, où il espère que l'émancipation des catholiques sera la conséquence de l'émancipation des Juifs?

Croyez-vous qu'il ait fait de la politique absolutiste, le vénérable archevêque de New-York, qui portait la croix de bois au Colysée, sur le sol qui a vu les martyrs préférer la mort à l'oppression, au milieu de ces mêmes murailles dont les ruines et les échos semblaient ranimés, lorsqu'environné de milliers de spectateurs, l'évêque de Tulle déployait les gerbes si riches de son inépuisable éloquence?

Croyez-vous qu'ils eussent envie de parler contre la liberté, ces évêques de l'Orient, assis à Saint-Andrea della Valle, lorsque l'illustre évêque d'Orléans saluait, au nom de l'Église latine, l'Église grecque, sa sœur, qui vit sous le poids d'un despotisme que la liberté commence à secouer?

Croyez-vous qu'ils fussent très-partisans des religions imposées, ces évêques de la Transylvanie ou de la Bulgarie qui voient tous leurs efforts échouer contre le mélange de la religion et de l'État, dans les pays où l'on ne peut renoncer à son erreur sans renoncer à sa nationalité?

Croyez-vous qu'ils fussent très-imbus de l'esprit du moyen âge, ces évêques de Buffalo, de Brooklyn, de Cleveland, avec qui j'ai visité les Catacombes, où, quatorze cents ans avant la découverte du monde qu'ils évangélisent, les chrétiens apprenaient à détester le despotisme, comme ils le font aussi lorsque, répondant à une calomnie d'un journal de Marseille (10 juin 1862), ils écrivent : « *Si les évêques américains eussent parlé de la liberté qui règne en leur pays, c'eût été pour bénir Dieu de la facilité qu'ils y trouvent pour faire le bien?* »

Quels réactionnaires dangereux et endurcis !

On vient nous dire que le Piémont représente les *principes de la société moderne !* Tâchons donc une bonne fois de nous débarrasser de ce jargon. Je ne sais pas ce qui est moderne ou ce qui est antique; je sais ce qui est juste ou injuste, ce qui est vrai ou faux, ce qui est bien ou mal. J'aimerais à croire que l'esprit qu'on appelle moderne, c'est l'application de l'Évangile à la politique, la protection des petits États par les grands, le respect de la foi jurée, la réforme sans révolution, le progrès pacifique de la justice et de l'égalité. Toutes ces choses étaient-elles représentées parfaitement par les gouvernements que l'Italie a vus tomber? Je ne l'affirme pas, mais j'affirme que les procédés du Piémont sont absolument le contraire. Si un souverain peut, en pleine paix, envahir les États de son allié, s'il laisse recruter et embarquer chez lui, en plein jour, des bandes qui vont conquérir un trône et renverser un roi, si un monarque profite de tels exploits et reçoit du chef de ses envahisseurs une couronne enlevée à un membre de sa famille, si l'on voit la ville de Gênes au moment d'élever près de la statue de Colomb, l'inventeur du nouveau monde, la statue de Garibaldi, l'inventeur d'un nouveau droit, si la fusillade, l'exil et la confiscation viennent en aide à ces conquêtes, et si tous ces procédés sont décorés des grands mots de liberté, d'esprit moderne, de progrès, ah ! s'il en est ainsi, ne dites pas que c'est la Papauté, dites que c'est le siècle qui est frappé d'une irrémédiable décadence. Mais ce sera se tromper deux fois. Contentez-vous d'annexer des provinces, n'usurpez pas des mots qui ne sauraient exprimer vos actes. Je ne sais si vos idées sont des temps modernes, mais vos procédés sont des temps barbares, et c'est vous qui nous ramenez au moyen âge. Soyez jugés sur ce que vous faites.

Je ne crains pas la même épreuve pour la réunion des évêques autour du souverain Pontife.

Ils sont venus, grâce aux merveilles de l'industrie, et les machines ont servi l'Église, comme l'imprimerie a servi l'Évangile, sans le vouloir, parce que Dieu l'a voulu. Ils se sont assemblés, au nom du droit de réunion. Ils se sont adressés à l'opinion par la publicité. La liberté des cultes a été inscrite dans les lois contre eux ; et c'est la liberté des cultes qui a obligé les souverains à ne pas les retenir. Est-ce que Louis XIV, ou Philippe II, les aurait laissés partir? Ils ont montré, par un exemple éclatant, comment on conquiert les libertés, en persévérant fermement et pacifiquement, malgré les défenses, malgré les menaces, à poursuivre leur but, à accomplir leur devoir. Ils ont offert au monde le magnifique et rare spectacle de la fidélité envers le malheur, et de l'attachement invincible au milieu des épreuves. Ils ont placé sur les autels des missionnaires de l'Évangile au Japon et un religieux de la rédemption des esclaves, au moment même où l'Occident entre en relation avec le Japon et où le nouveau monde s'agite pour la rédemption des esclaves. Ils ont donné à tous les catholiques un programme de la liberté nécessaire à l'Église, laissant à chacun le soin de la servir de son mieux en se conformant aux lois de son pays. Ils ont montré l'Église vivante et unie, en face des divisions qui se partagent les esprits sur la terre.

Je ne sais si c'est là condamner la société moderne. En tous cas, c'est signaler ses dangers, c'est légitimer l'emploi de toutes ses ressources, bénir ses meilleures espérances, et confirmer, consoler, encourager, ceux qui, derrière les nuages de l'avenir, et par delà l'orage qui sans doute éclatera, se plaisent à entrevoir de loin une Papauté plus grande au sein d'un monde plus libre.

AUGUSTIN COCHIN.

FIN

LE
CORRESPONDANT

RECUEIL PÉRIODIQUE

PARAISSANT LE 25 DE CHAQUE MOIS

PRIX DE L'ABONNEMENT :

Paris et Départements. — Un an. . . . . 25 fr.
— — Six mois. 14
Étranger, le port en sus.

COLLECTION DU CORRESPONDANT

PREMIÈRE SÉRIE

DE JANVIER 1843 A SEPTEMBRE 1855

30 vol. in-8. — 360 fr. au lieu de 435.

DEUXIÈME SÉRIE

D'OCTOBRE 1855 A DÉCEMBRE 1860

15 vol. in-8 : 150 fr. — Chaque volume séparément : 10 fr.

PARIS. — IMP. SIMON RAÇON ET COMP., RUE D'ERFURTH, 1.